Gedichtesammlungen

von

Petra Eggert

Vergangenheit

Es ist dunkel

du kommst rein

du siehst mich an

deine Augen sagen mehr als alle Worte

doch du sagst sie nicht

das Spiel beginnt

ich spüre deinen Blick

sehe deine Gedanken

du sprichst mit anderen

und doch sprichst du auch mit mir

ich spüre deine Lippen die fordernd meine Gefühle

erregen

ich spüre deinen Körper neben mir

dein Atem geht langsam und streift mein Gesicht

ich spüre deine Hand auf der meinen

du bist heiß

mir fehlt die Luft zum Atmen

aber ich spüre dich

dein Körper wiegt sich im Takt des Schlafes

du erwachst

siehst mich an und denkst

war alles nur ein Traum?

Wozu

Wir gingen auseinander

warum

schmerzen auf deiner Seite

und Schmerzen auf meiner

wozu

musste es wirklich soweit kommen

wir sehen uns

doch du schaust weg

ist denn nur die Leere geblieben

im Grunde besteht die Liebe noch

doch wir wollen es nicht wahr haben

waren es nur Lügen?

Gefangen

In meinen Träumen verfolgst du mich

wenn ich dich sehe

erbebe ich

manchmal wünschte ich

du wärst nie gekommen

war es Bestimmung

die nicht will das diese Liebe erwidert wird

du berührst mich

und doch siehst du weg

ist es nur ein Spiel für dich

gefangen war ich als du mich ansahst

doch findest du nicht das du zu weit gegangen bist

auch wenn der Schritt noch so klein war

für mich wurde er zur Qual

zum Tod meiner Seele.

Warum hast du mir das angetan

Stillschweigend blickst du mich an
kein Wort kommt über deine Lippen
deine Lippen
die einst meine Gefühle weckten
in Liebe lernten wir uns kennen
um im Hass auseinander zu gehen
warum hast du mir das angetan?
Fast zwei Jahre versuchtest du mich zu verstehen
doch du konntest es nicht
meine Gedanken schweifen an gute und böse Zeiten
was du mir gabst und nahmst
war es zu viel
zu viel für diese eine Liebe
meine Seele ist verkauft
verkauft an die Traurigkeit

warum hast du mir das angetan?

Für uns

Ich sitze hier vor deinem dummen Foto
und merke erst jetzt
wie sehr du mir fehlst
ich schaue weg
doch irgendwie meine ich

deinen Blick zu spüren

der mir sagen will

„Komm zurück!"

doch denkst du auch an die Schmerzen

und die Träume

die wir hatten

wir liebten uns maßlos

und doch ist es zu Ende

soll es für immer sein

gib mir eine Chance dich zu verstehen

damit der Traum neu beginnen kann

für uns!

Lügen

In deinen Armen schlief ich ein

in deinen Armen wachte ich auf

doch plötzlich ist kein Hauch der Zärtlichkeiten zu

spüren

was war falsch

was habe ich getan

waren es nur lügen

die uns begleiteten

lügen und Schmerzen

die Vertrautheit ging

und mit ihr gingst du

du

der mir Jahrelang nicht glaubte

und doch Zärtlichkeiten schenkte

in einer gewissen Weise

oder war es nur Mitleid

wir gingen auseinander mit dem Gefühl

des Hasses auf deiner Seite

und dem Gefühl des verlorenen

auf meiner Seite

was ist aus uns geworden

das wir auseinander gingen

nur eine Lüge?

Ohne Dich

Lieben und Verlieren

verlieren und Lieben

was für ein seltsames Spiel ist die Liebe

man geht auseinander

auch wenn man merkt

das es für immer ist

all das was aufgebaut wurde

verflog im Wind

träume die man zusammen hatte

blieben Träume

täglich denke ich zurück

an dein Lachen

das mich erfreute

deine Zärtlichkeiten

die durch meinen Körper fuhren

deine Liebe

die mich beschützte

soll all das schon zu Ende sein

in Gedanken rufe ich dich

doch meine Stimme bleibt Leer

heimlich versuche ich die Tränen zu verstecken

meine Erinnerungen jedoch

schmerzen so sehr

das ich sie nicht zurückhalten kann

ich frage mich

wie lange ich es aushalte

ohne dich?

WAHRHEIT

ICH SITZE HIER IN MEINEM
ZIMMER
UND DENKE ÜBER ALLES NACH
ÜBER MICH
DICH
UNS
UND FRAGE MICH WAS DAS
ALLES SOLL
VIELLEICHT HAT DAS SPIEL
VERLIEBT
VERLOBT
VERHEIRATET
SEINE GRENZEN BEIBEHALTEN

UND DU SIE ÜBERSCHRITTEN

IST ES DAS WAS DU WOLLTEST

WOZU DANN DIESES SPIEL

WAS DU MIT MIR TRIEBST

EIN SPIEL ZWISCHEN FEUER UND
EIS

EIN SPIEL DAS NUR DER TEUFEL
KENNT

DU BRACHST MEIN HERZ

DAS IN TAUSEND TEILE ZERFIEL

DIE SELBST ICH NICHT MEHR

ZUSAMMENFÜGEN KANN

WELCH TRAURIGES SPIEL

EIN SPIEL DER WAHRHEIT

EINSICHT

DU UMARMST MICH
DU SAGST
DU LIEBST MICH
ABER KANN JE DIESE LIEBE BESTEHEN
DIE ICH NICHT WILL
ODER EINBESTEHEN KANN
MEINE GEFÜHLE SIND VERWIRRT
MEINE GEDANKEN SIND BEI IHM
DEM MANN
DEM ICH MEINE GEFÜHLE UND
TRÄUME
ENTGEGEN BRINGE
WILLST
ODER KANNST DU NICHT
VERSTEHEN
DAS DIESE LIEBE

EIN ENDE HAT UND NIEMALS HÄTTE

BEGINNEN SOLLEN

LASS MICH GEHEN

VERSUCHE NICHT MICH ZU HALTEN

DENN DANN

WÜRDEST DU MICH FÜR IMMER

VERLIEREN

LASS UNS FREUNDE BLEIBEN

DAMIT

DER ABSCHIED UND DIE BITTERKEIT

NICHT ALL ZU SCHWER FÄLLT

VERÄNDERRUNG

DU KAMST IN MEIN LEBEN

UND ICH LIEBTE DICH

ABER DIESE LIEBE HATTE NIEMALS

EINE CHANCE

DENN

DU GINGST FORT

LIESST MICH MIT MEINEN

ERINNERUNGEN UND SCHMERZEN

ALLEIN

DU SAGTEST

WIR SEHEN UNS WIEDER

ABER WANN

MANCHMAL WÜNSCHTE ICH

DU WÄRST NIEMALS GEKOMMEN

DENN

JE MEHR ICH NACHDENKE

DESTO KLARER WIRD MIR

DAS ICH OHNE DICH

NICHT LEBEN KANN

DU WARST ES

DER MEIN LEBEN VERÄNDERTE

DER MIR BEIBRACHTE

ANDERS ZU LEBEN

UND

ICH DANKE DIR

TROTZ ALL DER GUTEN

ERINNERUNGEN

MÖCHTE ICH DICH WIEDERSEHEN

DENN

ICH LIEBE DICH

WIEDERSEHEN

STAUB BEDECKT DEIN FOTO
DAS ICH NACH LANGER ZEIT
RAUSSUCHE UND ANSCHAUE
DU
MIT DEINEN BLAUEN AUGEN
DIE MICH NOCH IMMER
DURCHBOHREN
DEIN DUFT
DER MICH ATEMLOS MACHTE
DU
DER DU SO PERFEKT BIST
DAS ICH ANGST VOR DIR HABE
UND DOCH
TRENNTEN WIR UNS
MIT DEM VERSPRECHEN
UNS WIEDER ZU SEHEN

ABER

AUCH DAVOR HABE ICH ANGST

WAS

WENN DU WIEDER SO PERFEKT BIST

GLÜCKSSPIEL

MAN SPIELT

UM ZU GEWINNEN

JEDOCH

WUSSTE ICH NICHT

DAS MAN AUCH UM LIEBE SPIELEN
KANN
DAS WÄRE EIN SPIEL
WOBEI DER EINSATZ ZU HOCH WÄRE
ZU HOCH
UM ZU GEWINNEN

FÜR EUCH

ICH FING AN DIR ZU VERTRAUEN

DOCH DU MACHTEST ALLES

MIT NUR EINER LÜGE KAPUTT

DU VERSTANDEST ES NICHT

DEIN GEIST WAR NICHT BEREIT ES ZU

VERSTEHEN

DEINE AUGEN SAHEN NUR DAS

WAS MAL WAR

DU SAGTEST

DU LIEBST MICH NICHT

UND

DOCH SUCHST DU MICH

GENAU WIE ICH DICH

WIR TRENNTEN UNS ALS FREUNDE

DOCH

DU NAHMST ES ALS VERSPRECHEN

MICH DOCH NOCH FÜR DICH ZU

GEWINNEN

NUN BIN ICH VERGEBEN

ABER

DU WILLST ES IMMER NOCH NICHT

VERSTEHEN

BIN ICH NUR EIN SPIEL

FÜR DICH

FÜR IHN

FÜR EUCH

ABER WAS BIN ICH WIRKLICH

VORBEI

IN LIEBE

LERNTEN WIR UNS KENNEN

IN LIEBE

GINGEN WIR AUSEINANDER

DEIN LACHEN

DAS DIE NACHT ERFÜLLTE

DEINE ARME

DIE MICH BESCHÜTZTEN

DEINE WORTE

DIE MICH VERLETZTEN

MEIN HERZ

DAS BRACH

ZU WEIT

WAS KANN ICH SAGEN
UM DIR
MEINE GEFÜHLE UND ÄNGSTE ZU
BESCHREIBEN
MEINE ÄNGSTE
DIR IN DEINE BLAUEN AUGEN ZU
SCHAUEN
MEINE ÄNGSTE
DIR IN DEN ARMEN ZU LIEGEN
UM DEN DUFT ZU ATMEN
DER MIR DIE SINNE RAUBT
MEINE ÄNGSTE...
MEINE ÄNGSTE
DIE ICH DIR NICHT BESCHREIBEN
KANN
WIR LERNTEN UNS IN EINEM GEFÜHL

VON HOFFNUNG KENNEN UND
GINGEN
IN HOFFNUNG AUSEINANDER
DENNOCH
SOLLTEN DIES KEINE
NEUNEINHALB WOCHEN WERDEN
DIE ZU EINER
VERHÄNGNISVOLLEN AFFÄRE
ÜBERGING
DENN AM ENDE
IST ES EINE
UNENDLICHE GESCHICHTE
GEWORDEN
MEINE ÄNGSTE
DU KÖNNTEST ZU WEIT GEHEN
DOCH SCHON AM ENDE
BIST DU WEIT GEGANGEN FÜR UNS
ZWEI

DEIN BLICK

ICH LACHE
ICH TANZE
ICH BIN FROH
PLÖTZLICH SEHE ICH DICH
DU
DER DU JAHRELANG FORT WARST
STEHST VOR MIR
OHNE EIN WORT
DEIN BLICK DURCHKREUZT DEN
MEINEN
ERINNERUNGEN WERDEN WACH
DEINE AUGEN SEHEN MICH AN
NICHT ALS DAS KIND
DAS DU FRÜHER IN MIR SAHST
ICH VERSUCHE MICH ABZUWENDEN
DENN

DU BIST NICHT ALLEIN
TROTZDEM SPÜRE ICH DEINEN BLICK
MEINE GEFÜHLE SIND VERWIRRT
BIST DU ES WIRKLICH
DEN ICH LIEBTE UND ZU VERGESSEN
VERSUCHTEST
DOCH ICH KONNTE ES NICHT
BIS JETZT
ICH GEHE UND SPÜRE NOCH IMMER
DEINEN BLICK
GANZ SO ALS WOLLE ER SAGEN
VERZEIH
DOCH ES SIND NUR DEINE AUGEN
DIE ES SAGEN

NICHT DU

Du

Du bist Fern,

doch ich Liebe dich.

Du bist hier,

doch kann ich dich nicht fühlen.

Was tust du mir an,

das du mich so quälst,

das du nicht mit mir sprichst.

Weißt du nicht das ich dich brauche

und deine Nähe spüren will.

Doch dann ist wieder Er da.

Er,

von dem ich mich nicht trennen kann.

Dennoch,

möchte ich deinen Körper neben mir spüren.

Deinen Atem spüren,

der meine Haut berührt,

deine Lippen,

die sich sanft auf die meinen legen.

Du lässt mich deine Erregung spüren.

Auch wenn du mir nah bist,

bist du mir fern.

Die Zeit mit dir,

werde ich nie vergessen,

denn,

du warst es denn ich liebte!

Fort

Verzweifelt suche ich dich.

Mein Blick durchstreift die Menge.

Ich sehe dein Gesicht,

doch wenn ich mich umsehen will ist es weg.

Es wird auch nie wieder auftauchen,

denn,

ich weiß das du fort bist.

Fort für immer.

„Für Immer!"

Was für ein Wort.

Ein Wort das grausam und unendlich scheint.

Meine Gedanken schweifen zurück:

Dein Kuss,

der sich sanft auf meine Lippen legt,

dein Atem,

der meine Haut berührt,

dein Lachen,

das die Nacht erfüllt.

Soll all das zu Ende sein?

Wo bleibt die Fairness im Leben und der Liebe?

Du brachtest mir vieles bei,

was ich nicht kannte.

Als du kammst veränderte sich mein Leben,

aber was mir blieb,

sind nur Erinnerungen denn,

du bist Fort.

Mir blieb nichts als nur die Illusion und der

Schmerz.

Ein Schmerz der endlos ist.

So endlos bis ich dich wiedersehe.

Aber wann?

Aufbauen

Du,

liegst da.

Ich höre deinen Atem.

Ich schaue dich an

und denke,

War es ein Fehler?

Meine Gedanken kreisen zurück.

Du warst es,

der nie verstand,

mich nicht,

die Welt.

Dein Glaube war stark,

an dich.

Aber was blieb mir?

Eine kurze Zeit mit dir.

Alles wurde mir genommen.

Freunde,

Freude,

die Liebe.

Meine Hoffnungen dies zu finden,

bauten auf dich.

Versuche nicht diese Hoffnungen zu zerstören,

denn,

das wäre mein Untergang.

Gefühle

Ich gehe durch leere Straßen,

auf der Hoffnung dich zu sehen.

Ich suche dich,

doch finde ich nur die Leere,

die sich in meinen Verstand bohrt.

Wo bist du?

Ruft die Stimme in mir,

doch die Antwort bleibt mir verwehrt.

Wochen vergehen,

noch immer kein Zeichen von dir.

Plötzlich sehe ich dich.

Mein Herz schlägt wild, als wolle es zerspringen.

Meine Hände sind Nass,

mir wird heiß und kalt,

meine Stimme zittert,

meine Gefühle zerspringen vor Glück,

doch dann bricht alles ab.

Die Welt beginnt zu fallen.

Ich sehe Sie, die Frau an deiner Seite.

Sie ist es die dich begleitet,

die mit dir alles teilt,

dich tröstet und umarmt.

Sollte ich nun wirklich verloren haben?

Es ist ein Spiel ohne Grenzen.

Manchmal, aber frage ich mich wann das Spiel ein

Ende hat?

Heucheln

Sie kommt auf mich zu,

denn ich sehe Ihn.

Sein Blick ist mir ein Rätsel.

Was denkst du,

das du mir nicht sagen kannst?

Sie lächelt!

Was für ein Spiel,

die Schlange die, die Maus umkreist,

auf der Hoffnung,

das sie einen Fehler macht.

Sie redet mit mir,

denn sie hat Angst ihn zu verlieren.

Was jedoch soll ich tun?

Mit dir reden kann ich nicht,

denn du hörst nur ihr zu.

Ist deine Liebe so stark?

Selbst ich habe verloren was mir lieb war.

Ein Pechvogel!

Die Maus,

die der Schlange in die Falle ging.

Wir

Was ist unsere Beziehung wert?
Ein Wort,
ein Blick,
ein Verstehen.
Aber hast du mich je verstanden,
oder an mich geglaubt?
War es wirklich Liebe,
die zusammenfügte?
Doch was trieb uns auseinander?
Ich sehe keinen Sinn,
keine Liebe.
Ich sehe nur eine kaputte Beziehung,
die von innen verfault.
Was kann ich tun,
damit du nur ein bisschen verstehst?

Wenn?

Mich,

meine Gefühle,

sogar dich.

Ich versuche alles aufrecht zu halten.

Wozu?

Damit alles zerstört wird?

So zerstört, dass ich nicht mehr kann.

Du nahmst mich nicht ernst.

Für dich war ich nicht da.

War ich nur Luft?

Aber ohne Luft kannst auch du nicht atmen!

Verlorene Beziehung

Ich habe versucht alles aufrecht zu erhalten.

Dich,

Mich,

Unsere Beziehung.

Doch du machtest alles kaputt!

Kein Wort des Abschiedes,

oder der Verzeihung.

Du nahmst mich nicht Wahr.

Ich dachte nach über uns

und musste weinen.

Was kann ich tun,

dass du mich verstehst?

Ich dachte du wusstest was ich für dich empfinde?

Nicht Worte allein sind es,

die alles ausdrücken.

Aber,

auch das hast du nie verstanden.

Versteckte Liebe

Vielleicht ist es Idiotie
die mich begleitet,
diesen Schritt zu gehen.
Meine   Toleranz   dich
anzuhimmeln,
erleben   das   Gefühl   eines
Teenagertraums.
Ich   rase   vor   Eifersucht   aus
verletzter Eitelkeit,
die   mir   nicht   das   Recht   auf
Ignoranz gibt.
Und doch,

zerreist es mir das Herz.

Voll Erwartung und Freude kam
ich zu dir.

Mit Traurigkeit und endloser
Leere verließ ich dich.

Du,

bist das schönste und auch das
schlimmste,

was mir passieren konnte.

Ich hoffe nur das ich dich eines
Tages vergessen kann.

Ich weiß,

ich kann es schaffen.

Hoffentlich zerstöre ich damit

nicht mein bisheriges Leben.

Ohne Dich!?

Illusion

Verzaubert bin ich in deinen
Augen,
Verzaubert bin ich in deiner
Musik,
deiner Musik,
die mir die Sehnsucht meines
wohl nie
erreichbaren Traumes wieder
gibt.
Selbst dein Lächeln weckt in mir
ein Feuer,
das einst erlosch.

Deine Augen,
die   mit   deiner   Musik
verschmelzen,
rauben mir den Atem.
Dennoch,
stehe ich hier um mich in eine
andere Welt
versetzen zu lassen.
Erst zu spät ergreife ich die
Chance meines Lebens.
Wieder   bleibt   mir   nur   die
Erinnerung an dein Lächeln
und meinen Traum.
Auf Immer?

DAS LEBEN

VERLUST

LAUTLOS RISSELN DIE TRÄNEN

MEINES VERLUSTES

LAUTLOS UND OHNE SINN

MAN MÖCHTE SOVIEL UND

ERREICHT SO WENIG

WAS MAN AUCH ANFASST

ES IST VERKEHRT

WAS FÜR EINE WELT

UNGERECHT

UNBARMHERZIG

BRUTAL

SO BRUTAL

DAS MAN AUFGEBEN MÖCHTE

WOFÜR

FÜR EIN BESSERES LEBEN

OHNE ANGST

WAHNSINN UND SCHMERZEN

DOCH AM ENDE UNSERES WEGES

BLEIBT NUR DER GLAUBE UND

HOFFNUNG

ÜBERSICHT

WEITE

UNENDLICHE WEITE

SEHNSÜCHTE

SEHNSÜCHTE DIE MAN NICHT MIT

WORTEN

AUSDRÜCKEN KANN

GLAUBEN

GLAUBEN AN DIE LIEBE

DIE MAN VERLOREN HAT UND AUCH

NICHT WIEDERFINDET

TRÄUME

TRÄUME DIE MAN AUFGAB UND

ZERRONNEN SIND

ERINNERUNGEN DIE SCHMERZEN

SO SEHR DAS MAN AUFGEBEN MÖCHTE

GLÜCK

GLÜCK DAS MAN SUCHT UND NICHT

FINDET

TRAURIGKEIT

TRAURIGKEIT DIE SICH IM HERZEN

BREIT MACHT

AN DER MAN DENKT ZUGRUNDE ZU

GEHEN

DOCH SIND ALLES NUR ERINNERUNGEN

ERINNERUNGEN DER TRAURIGKEIT

TRÄNEN

SIE IST KALT

NASS UND AUCH SÜSS

SIE

DAS SIND DIE TRÄNEN MEINER

VERLOREN GEGANGENEN LIEBE

EINER LIEBE

DIE AUS WAHNSINN BETSTAND

ICH SEHE DICH

ICH HABE ANGST DU KÖNNTEST MICH

AUCH SEHEN

ICH WEINE

UND TROTZDEM IST SIE ES DIE MICH

TRÖSTET

ICH LACHE

REDE MIT ANDEREN MENSCHEN UND DANN

SEHE ICH DICH

MEIN HANDELN UND TUN BRICHT AB

ICH WILL MIT DIR REDEN

MIT DIR LACHEN

WILL DIR ALLES SAGEN

DOCH DU IGNORIERST MICH

ICH WILL UND KANN NICHT MEHR

UND DOCH IST WIDER SIE DA DIE MICH

TRÖSTET

DIE MIR DEN SCHMERZ MEINES VERLUSTES

VERRINGERT

ABER NICHT HEILT

RUNDBLICK

ALLES IST SO TIEF

ALLES IST SO DUNKEL

KEINE CHANCE FÜR UNS ZU LEBEN UND ZU

STERBEN

NIEMAND KANN SAGEN WAS DIE WELT

MORGEN BRINGT

NIEMAND KANN NACH HAUSE GEHEN DENN

DA IST KEIN ZUHAUSE FÜR UNS

FÜR ALLE MENSCHEN ÜBERALL AUF DER

WELT

DENN DA SIND NUR SCHMERZEN IN DEINEM

HERZEN

UND DEINEN AUGEN

VERSCHLIEßE DICH NICHT VOR DER
WAHRHEIT
DENN SIE IST DAS EINZIGSTE WORAN DU
GLAUBEN SOLLTEST
VERSUCHE AUCH ANDERE ZU VERSTEHEN
AUCH WENN SIE LÜGEN ENTLOCKST DU
IHNEN DIE WAHRHEIT
VERTRAUE DIR SELBST
DENN SO LERNST DU AUCH DIE WELT ZU
AKZEPTIEREN
DENN DU BIST EIN TEIL VON IHR
AUCH WENN DU DICH NUR WIE EIN KLEINER
PUNKT FÜHLST
GEHÖRST DU DAZU WIE WIR ALLE
TROTZDEM BIST DU ETWAS BESONDERES

ABER DAS SOLLTEST NUR DU WISSEN

DAS IST DEIN GEHEIMNIS

AUF DER SUCHE

MEINE GEDANKEN SCHWEIFEN UMHER

BLICKEN ZURÜCK AN ERINNERUNGEN

DIE NIEMALS MEHR SEIN KÖNNEN ODER

WERDEN

ALL MEINE ZIELE UND ZUKUNFT DIE ICH

AUFBAUTE

ODER MIR ERTRÄUMTE

SIND ZUSAMMENGESTÜRZT

DIE VERGANGENHEIT LIEGT ZURÜCK

DOCH SIE SCHMERZT UND DIE ERINNERUNG

DARAN

LINDERT SIE UM KEINEN HAUCH

TRÄUME DIE NICHT MEHR SIND

WAS FÜR EINEN SINN HAT DAS LEBEN

WENN MAN JA DOCH SCHON AUFGEGEBEN

HAT

DIE HOFFNUNG DIE EINST IN UNS ERWACHT

WAREN

SIND VERLOSCHEN UND TEIL EINER

KLEINEN MATERIE

IM ALL

ABER SIND WIR NICHT ALLE NUR EIN

STÜCK MATERIE

AUF DER SUCHE NACH NEUEN ZIELEN

NACH NEUEN HOFFNUNGEN

WAS

WELT

DIE DU DOCH SO UNBARMHERZIG

BIST

GIB MIR KRAFT ZU LEBEN

EIN LEBEN

DAS ICH NICHT MEHR MEISTERN

KANN

DAS AN EINEM SEIDENEN FADEN

HÄNGT

DER NUR DARAUF WARTET

DURCHGESCHNITTEN ZU WERDEN

IST DAS DIE ERLÖSUNG

VIELLEICHT

ABER KEINE HOFFNUNG DER

WELT

KÖNNEN AUFRECHT ERHALTEN

WAS ICH FÜHLE

WAS ICH SAGEN MÖCHTE UND

NICHT KANN

MEINE TRÄUME UND

SEHNSÜCHTE SIND ERLOSCHEN

WIE EINE KERZE IM WIND

WELCHER BESTIMMUNG KOMME

ICH ENTGEGEN

WIE DER WIND DIE BÄUME

BEWEGT

DER REGEN DAS FEUER LÖSCHT

DIE SONNE DEN SCHNEE

SCHMILZT

WELCHE BESTIMMUNG HABE ICH

DIE; AM LEBEN ZU BLEIBEN

WENN MAN JA DOCH SCHON
AUFGEGEBEN HAT
MEINE WELT IST EIN TRAUM
ABER SELBST SIE WURDE
ZERSTÖRT
ES IST BESSER

ZWISCHEN BANGEN UND HOFFEN
ZWISCHEN WAHRHEIT UND
WIRKLICHKEIT
LIEGT DA DER TRAUM ZU
BEGREIFEN
WAS WIR SIND
WER WIR SIND
WOZU WIR SIND
EXISTENZ ZU SCHAFFEN

UM SIE WIEDER ZU VERLIEREN

EINEN BLICK VORWÄRTS ZU

WERFEN

UM ZU SEHEN

DA IST KEINE ZUKUNFT

MANCHMAL DENKE ICH

ES IST BESSER EINEN TRAUM ZU

TRÄUMEN

ALS DAS REALE LEBEN ZU SEHEN

DENN DORT KANNST NUR DU

DEN SCHMERZ

BESTIMMEN

DER FILM

WEISS FLACKERND SCHIMMERT
DIE LEINWAND
DIE PUTZFRAU RÄUMT DIE
LETZTEN FLASCHEN WEG
KAUGUMMI KLEBT NOCH UNTER
DEN SITZEN
DER DICHTE NEBEL VON
ZIGARETTENQUALM
LICHTET SICH LANGSAM ABER
ICH SCHWELGE NOCH IMMER IN
DEM KULISSENTRAUM
DA IST JAMES BOND DER DR NO
VERTREIBT
HARRY POTTER DER GEGEN DAS

BÖSE KÄMPFT ABER

AUCH HE MAN UND HAN SOLO

ZIHEN IHRE RUNDEN

KLEINE UND GROSSE HELDEN

LETZENDLICH SIEGT DIE

GERECHTIGKEIT

ICH VERLASSE DEN SAAL

IN DER ERINNERUNG EINES

ERFÜLLTEN TRAUMES

DER FILM IST AUS ABER

AUCH WENN ICH IHN VERLASSE

SO NEHME ICH DIE ERINNERUNG

MIT

SCHLIESSLICH

SIND WIR NICHT ALLE

IRGENDWIE EIN TEIL EINES FILMS

FAMILIE

ES TUT MIR LEID

ALS ICH DICH ANSCHRIE

MEINTE ICH IHN

ALS ICH DICH IGNORIERTE

MEINTE ICH IHN

ALS ICH DICH VERNACHLÄSSIGTE

MEINTE ICH IHN

DIE LIEBE HAT MICH BLIND

GEMACHT

BLIND VOR ZORN

BLIND VOR EGOISMUS

BLIND DIR ZU VERTRAUEN

NOCH IMMER VERSCHLIESSE ICH

MEINE AUGEN

VOR DER WAHRHEIT

DIE WAHRHEIT

DU KÖNNTEST MICH VERLETZEN

UND DOCH HAST DU MICH MEIN

LEBEN LANG BENUTZT

BENUTZT UND GEQUÄLT

JETZT IST DAS LEBEN VORBEI

UND DU GEHÖRST NICHT MEHR

DAZU

DAS IST JETZT MEIN LEBEN

EIN LEBEN OHNE REUE

UND EIN LEBEN OHNE

DAS ES MIR LEID TUT

VERGEBENE LIEBE

FÜNFZEHN JAHRE WARST DU FORT

PLÖTZLICH KOMMST DU UND SIEHST

MICH AN

ICH ERSCHRECKE

ZU SEHEN WIE ALT DU GEWORDEN

BIST

DU SAGST DU HAST ANGST

ABER FRAGST DU MICH WIE ES MIR

GEHT

ICH HABE DIR GESCHRIEBEN

DOCH PLÖTZLICH STEHST DU VOR MIR

FÜR MICH BIST DU EIN FREMDER

NICHT DIE ZUNEIGUNG DIE ICH

DAMALS SPÜRTE IST ZU FÜHLEN

DU HAST UNS VERLOREN ALS DU

GINGST

WILLST DU JETZT WIEDER ALLES

AUFBAUEN WAS ZERSTÖRT IST

VIELLEICHT IST DEINE LIEBE

GEBLIEBEN

DOCH MEINE STARB

SIE STARB SCHON VOR FÜNFZEHN

JAHREN

JETZT WO DU KOMMST

IST ES ZU SPÄT

DEINE WELT

DU BIST EIN SPIELER

EIN TRINKER

DU BIST EIN KÄMPFER

EIN VERLIERER

DU LIEBST UND LEBST

DU BIST GNADENLOS UND DOCH

VOLLKOMMEN

DEINE WELT IST DRECKIG UND BRUTAL

TROTZ ALLEM LEBST DU IN IHR

MAN GIBT DIR EINE AUFGABE

UND DU SPIELST SIE GUT

WIE MAN ES VON DIR VERLANGT

ABER DU TRÄGST EINE MASKE

ODER IST ES DEIN WAHRES GESICHT

DEIN WAHRES ICH

DEN AUCH DANN BIST DU GUT

VOLLKOMMEN

UNTERGANG

NICHTS IST MEHR WIE FRÜHER

DEIN LACHEN ERFREUT MICH NICHT MEHR

DEINE BERÜHRUNGEN LASSEN MICH NICHT

MEHR ERSCHAUERN

WENN ICH DICH ANSEHE FRAGE ICH MICH

WAS ES WAR

DAS UNS ZUSAMMENFÜHRTE

WAR ES LIEBE

VIELLEICHT AUCH DUMMHEIT AUS IGNORANZ

WIR HABEN UNS NICHT MEHR VIEL ZU SAGEN

DA IST AUCH KEIN HAUCH MEHR VON...

VON WAS

LIEBE WAHNSINN LUST ODER LEIDENSCHAFT

ODER EINFACH NUR VERTRAUEN

DU HAST DEINE FREIHEIT GENOSSEN

DOCH ICH WAR DER VOGEL IM KÄFIG

DU HAST MICH NIE VERSTANDEN UND

WOLLTEST NUR DEINE WELT SEHEN

DAFÜR ABER

HAST DU MEINE ZERSTÖRT

JETZT WO SIE ZERBROCHEN IST KANNST

AUCH DU SIE NICHT MEHR RETTEN

NICHT WORTE ALLEIN GENÜGEN

ABER SELBST DAFÜR WARST DU ZU

SELBSTGERECHT

LASS MIR MEINE KLEINE WELT DIE NOCH

ÜBRIG IST

UND VERSUCHE SIE NICHT AUCH NOCH ZU

ZERSTÖREN

DENN

DAS WÄRE MEIN ENDGÜLTIGER UNTERGANG

Sehnsucht

und

Leidenschaft

Warum nur

Ich sitze dir gegenüber

Deine Augen blicken mich leuchtend an

Du rauchst eine Zigarette

Und meine Gedanken schweifen ab

Ich muss meinen Blick abwenden um nicht

in die

Versuchung zu geraten

dir meine tiefsten Geheimnisse zu offenbaren

Meine Lippen verlangen nach den deinen

die sich sanft auf deine legen

Langsam streifen meine Augen deinen

Körper

Die Stärke die du ausstrahlst verwirren

mich

Nervös blicke ich an dir vorbei

Und dennoch

wünschte ich dich zu berühren

mein Verstand spielt verrückt

Warum nur tratest du in mein Leben

Warum nur trieben wir dieses Spiel

Warum nur kann ich meine Gefühle nicht

loslassen

Warum nur musste ich mich aufs neue in

dich verlieben

Warum nur....

Zweifel

Mein Gewissen plagt mich wenn ich ihn

berühre

Sind es doch deine Hände

die meinen Körper langsam streicheln

Deinen Blick ausweichen um meine

Verlegenheit nicht Preis zu geben

Und doch

deinen heißen Atem auf meinen Lippen zu

spüren

Du tastest zitternd meine Konturen nach

um

wie im Rausch der Liebesrituale in Ekstase

zu versinken

Ich genieße jeden Augenblick

bis die Erkenntnis mich zu Boden wirft

Nicht du warst es den ich liebte

nur meine immer wiederkehrende Fantasie

die sich nach dir sehnt

Sollte es Bestimmung sein die uns ewig

begleitet

und nicht zusammenfügt

Doch die Zweifel und die Angst lähmen

mich dir näh zu sein

Gib mir ein wenig Zeit zu verstehen

Wen

Mich, Dich, Uns,

Vielleicht hat das Warten seine Zeit

verloren

aber du hast noch dein Leben

Verschwende es nicht mit Warten und

Hoffen

denn das wäre deiner Seele tot

Liebesspiel

Meine Augen schließen sich

Deine Lippen berühren sanft die meinen

Zitternd flüsterst du die Worte der Liebe

Dein heißer Atem streift mein Gesicht

Sanft bilden deine Hände die Konturen

meines Körpers nach

Wir schweben im Hauch der Liebesrituale

Leise Musik begleitet uns auf unserem Pfad

Unserem Pfad der Empfindungen und

Angst

Ich liege hier im Traum

meiner Erfüllungen

Aus Angst die Augen je zu öffnen

um zu erkennen ob es nur ein Traum war

Doch als ich sie öffne ist noch die Wärme zu

spüren

die du hinterlassen hast

Wirklichkeit oder Vergangenheit

Sinnlichkeit

Luftiger Wind im Sommernachtstraum

durchfährt meine Haut

Zarte Alabastahände streicheln meinen

Rücken

Eine Woge von Gänsehaut ergreift mich

Dein Griff wird fester und fordernder

Nur der Schatten sieht unsere nackten

Konturen

Wie ein Film spiegelt sich unser Liebesspiel

wieder

Du fährst meine Konturen nach die sich dir

entgegen stellen

Heißer Atem streift mein Gesicht

Frohlockendes Stöhnen erhebt meinen Körper

Schweißperlen der Lust rinnen herab

Immer schneller pulsiert dein Atem

Im Schatten der Nacht explodieren die

Gefühle

Das taumelnde Karusel dreht sich immer

schneller

und steigt bis zum höchsten Horizont

Oben angekommen sinken wir uns haltlos in

die Arme

und merken erst jetzt

das die Sterne explodiert sind

Ekstase

Wollust durchschlägt meinen Körper

Schneller Puls pocht in meiner nackten

Brust

Schweißperlen rinnen über meinen heißen

Leib

Alle Sinne öffnen sich

Deine sanfte Hand fährt über meine Statur

Du berührst Rundungen

die mir den Atem rauben

Sanft und auch fordernd gleitest du mit

deinen Körper

Seele an Seele reibend

in die totale Besinnlichkeit

Wie das tosende Meer liegen wir uns in der

Umarmung

Bis sich die Gischt an den Wellen bricht

Wie Blitze durchzuckt mich das Leuchtfeuer

der Brandung

Die Wellen brechen im tosenden Orkan

nieder

Zerschellen am Fels

Nur eine sanfte Spur der Verwüstung ist

geblieben

Du lächelst und ich weiß

die Woge des Meeres hat dich besänftigt

Ewig

Blitzlicht der Gefühle

brennen wie heiße Spehre in mein Herz

Fatale Begierde

entfesselt die Leidenschaft

Hemmungslose Lust

lässt uns begreifen wie nah wir uns sind

doch der Donnerhall der Vernunft besinnt

uns

Liebe die nicht sein darf

Zerreißt meine Sinne

Ewig währt die Berührung deiner Lippen

Ewig berührt deine Hand meinen Körper

Ewig streichst du mir durch das Haar

Ewig werde ich dich nicht vergessen

Solange bis

das die Leidenschaft neu entbrennt

Auf Ewig

Dem Himmel so nah

Dem Himmel war ich nah

als du mir die Stern deutetest

Glühende Sternschnuppen

lassen die Sinne explodieren

Im Schoß der Wellen

lassen wir uns gleiten

Eine Flut der Begierde entfacht

Rasender Puls durchfährt meine Venen

Eiskalter Regen verlischt im Feuer auf

meiner Haut

Immer näher kommen die Wellen

bis die Gischt an der Brandung bricht

Dem Himmel so nah

und doch ein Feuerwerk

der Gefühle

EIN

HAUCH

VON

TOT

EIN HAUCH VON TOT

NOCH NIE WAR MIR DER
TOT SO NAH
EINE INNIGE UMARMUNG
DER NACHT
TRÄGT MICH SANFT IN
DIE DUNKELHEIT
EIN KUSS VON
NEBELSCHLEIERWAND
LEGT SICH AUF MEINE
SEELE

DIE SINNE ENTSCHWEBEN

SPHÄREN ÖFFNEN IHRE

TORE

MIR IST KALT

LANGSAM HÖRE ICH DEN

PULS DES LEBENS

UNAUFHÖRLICH

POCHEND

POCHEND UND DOCH AM

LEBEN

NEIN

TOT

BIN ICH NICHT

ABER DER SCHLUND DES

ABGRUNDES

IST NOCH IMMER OFFEN

DER CHOR DER ENGEL

LEER UND AUSDRUCKSLOS
BLICKEN DEINE AUGEN
GEGEN DAS SEICHTE
LICHT
EIN MÜDES LÄCHELN
UMSPIELT DEIN GESICHT
WÄHREND DER EISIGE
WIND
DEINE FAHLE HAUT
BERÜHRT

WUNDERVOLLE UMARMUNG

ZERDRÜCKEN DIE ZWEIFEL

DEINER SELBST

UMNÄCHTIGT VON SCHATTEN

DIE UNS NICHT BEFREIEN

BEGLEITET VOM LEBEN

DAS NICHT SEIN DARF

ENTRISSEN VOM PULS

DER DICH AM LEBEN HÄLT

ERINNERUNGEN DER

VERGANGENHEIT

HOLEN DICH EIN

UND LASSEN DICH

DOCH SANFT IN DEN

SCHLAF SINKEN

ES WIRD STILL

DER KUSS DES TODES HAT

DICH UMARMT

DER CHOR DER ENGEL IST

ERWACHT

Herstellung und Verlag:
Books on Demand GmbH, Norderstedt
ISBN 978-3-8370-9912-6